AF312073

17 decembre 1906

VENTE A PARIS
Le Lundi 17 Décembre 1906

ANTIQUITÉS

Grecques et Romaines

Mᵐᵉ Raymond SERRURE
19, RUE DES PETITS-CHAMPS, 19
PARIS

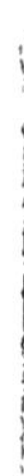

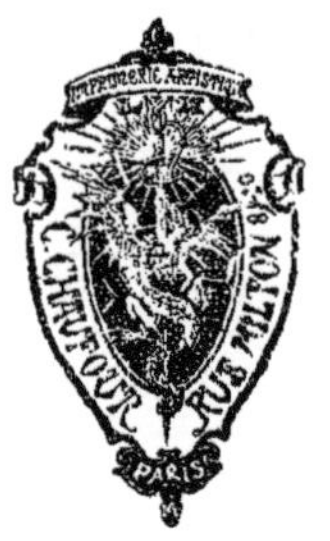

ANTIQUITÉS

Grecques et Romaines

TROUVÉES DANS L'ITALIE MÉRIDIONALE ET EN SICILE

*et provenant de la Collection de M. le Comte de G****

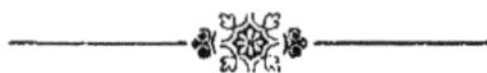

TERRES CUITES - BRONZE - MARBRES

VENTE AUX ENCHERES PUBLIQUES

A PARIS, HÔTEL DES COMMISSAIRES-PRISEURS, RUE DROUOT, 9

SALLE N° **9** AU PREMIER ÉTAGE

Le Lundi 17 Décembre 1906

A DEUX HEURES PRÉCISES

EXPOSITION PUBLIQUE LE DIMANCHE 16 DÉCEMBRE 1906

DE I HEURE I/2 A 5 HEURES

<table>
<tr><td>COMMISSAIRE-PRISEUR :</td><td></td><td>EXPERT :</td></tr>
<tr><td>Me MAURICE DELESTRE</td><td></td><td>Mme RAYMOND SERRURE</td></tr>
<tr><td>5, rue Saint-Georges</td><td></td><td>19, rue des Petits-Champs</td></tr>
</table>

PARIS

CONDITIONS DE LA VENTE

La vente aura lieu au comptant.

Les adjudicataires paieront *dix pour cent* en sus des enchères.

L'exposition mettant les acheteurs à même de juger de l'état des objets catalogués, aucune réclamation ne sera admise aussitôt l'adjudication prononcée, sauf le cas d'erreur matérielle.

Mme Raymond SERRURE se charge, aux conditions habituelles, (5 0/0 sur la limite), des commissions qu'on voudra bien lui confier.

L'authenticité des pièces est garantie.

CONDITIONS DE LA VENTE

La vente aura lieu au comptant.

Les adjudicataires paieront *dix pour cent* en sus des enchères.

L'exposition mettant les acheteurs à même de juger de l'état des objets catalogués, aucune réclamation ne sera admise aussitôt l'adjudication prononcée, sauf le cas d'erreur matérielle.

Mme Raymond SERRURE se charge, aux conditions habituelles, (5 0/0 sur la limite), des commissions qu'on voudra bien lui confier.

L'authenticité des pièces est garantie.

18. Figurine de femme à coiffure conique, assise, lisant.

19. Deux figurines de satyres assis.

20. Figurine de femme voilée. — Fragments de statuettes. — Ens. 4 pièces.

21. Grande tête de femme, bien modelée. Terre grise. Haut. 135 m.

22. Masque de déesse archaïque.

23. Tête d'Alexandre (?) coiffé de la peau de lion. Terre cuite jaune. Haut. 90 m.

24. Tête de grande statue avec large diadème perlé et pendants d'oreille. Haut. 160 m.

25. Fragment de tête de femme (Isis ?). Terre jaune.

26. Antéfixes : têtes de femmes, diadémées et voilées, cheveux ondulés; traces de couleur. — 3 pièces.

27. Lot de petites lampes rondes à un bec. — 25 pièces à diviser.

28. Lot de petits vases munis de leur couvercle. — 14 pièces à diviser.

29. Lot de vases en forme d'œnochoés à une ou deux anses. — 29 pièces à diviser.

30. Lot de vases funéraires fusiformes, sans anses, la plupart ornés de dessins circulaires peints. — Trouvés ensemble dans une nécropole. 105 pièces à diviser.

31. Néréide montée sur un hippocampe. La nymphe (Thalia ?) est couronnée de feuilles de lierre; la draperie laisse le torse à découvert, s'enroule autour des reins et tombe en plis sur les jambes. L'avant-bras gauche manque, tête et bras droit recollés. Les avant-pieds et l'extrémité de la queue de l'hippocampe manquent. Terre rouge, croûte grise. Haut. 170 m. Long. 240 m.

   Intéressante et rare pièce.

32. Vase à deux anses, bouche ronde, panse cannelée. Terre grise. Haut. 250 m.

33. Vase à deux anses surélevées ornées de rondelles saillantes Dessins rouges sur fond jaune. Haut. 245 m.

34. Autre, semblable. Dessins noirs sur fond gris. Haut. 240 m.

35. Œnochoé, embouchure ronde, panse cannelée, dessin gravé au col. Terre rouge, couverte noire. Haut. 295 m.

36. Autre, semblable. Haut. 280 m.

37. Autre, semblable. Haut. 335 m.

38. Autre, semblable. Haut. 290 m.

39. Autre, semblable. L'anse manque. Haut. 265 m.

40. Autre, semblable, terre rouge. Haut. 280 m.

41. Autre œnochoé, bouche trilobée, panse cannelée : décor de feuilles et fleurs au goulot ; l'anse est terminée à sa partie supérieure par un petit masque de lion. Peinture rose sur fond noir brillant. Haut. 220^m_m.

42. Œnochoé à bouche trilobée ; pampres et coupe sur la panse. Peinture rouge et jaune sur fond noir. Haut. 230^m_m.

43. Grand vase étrusque piriforme à petite anse (brisée) et bouche à rebord plat. Dessins géométriques incisés. Terre noire (*bucchero*) vernissée. Haut. 315^m_m.

44. Grand vase en forme de coupe profonde à pied et à deux anses latérales. Décor de feuilles de lierre et de corymbes sur un côté de la panse. Peinture orange et rouge sur fond noir. Haut. 210^m_m. Diam. 290^m_m.

45. Grand cratère. *a)* Deux lutteurs presque nus, armés chacun d'une haste, l'un coiffé d'un bonnet conique, l'autre tenant une strygille ; entre eux, une cigogne. *b)* Deux femmes. Ornements de grecques et de feuillage. Peinture rouge sur fond noir. Haut. 265^m_m.

46. Grand cratère. *a)* Jeune faune offrant des présents à une bacchante assise. *b)* Faune courant vers la droite. Palmettes sous les anses. Peinture rouge rehaussée de blanc, sur fond noir. Haut. 270^m_m. Légère restauration.

47. Grand cratère. *a)* Satyre jouant de la double flûte et danseur. *b)* Deux éphèbes drapés, causant. Grecques et couronne de feuillage en bordures. Peinture rouge sur fond noir. Haut. 300^m_m. Légère restauration.

48. Lot de petites têtes, quelques-unes très intéressantes par le modelé des traits et par les coiffures. — 34 pièces à diviser.

49. Coupe apode, rebord plat. Le fond est orné d'un médaillon en relief qui représente, de profil à gauche, un triton à corps humain portant une ancre. Peinture blanche sur fond rose.

> Pièce curieuse et rare, de parfaite conservation. Diam.: 0^{m}100.

BRONZE

50. Applique quadrangulaire présentant en fort relief une tête de Méduse. Beau travail grec.

> Patine verte. Haut. 70$^m/_m$. Larg. 60$^m/_m$. Monture ardoise.

SCULPTURES GRECQUES ET ROMAINES

51. Jolie tête d'Hermès jeune, inclinée à gauche et légèrement portée en avant; les cheveux courts sont retenus par un bandeau torsadé orné de deux ailerons (disparus). La pointe du nez manque.

> Marbre de Paros. Travail de la belle époque. Haut. : 0ᵐ190. Socle colonnette marbre. *Voir la phototypie.*

52. Tête-portrait d'un Romain; cheveux courts sur le devant et traités par derrière dans le goût simple des premiers temps de l'Empire; front ridé, joues glabres, physionomie caractéristique.

> Marble blanc. Haut. : 0ᵐ220. Socle pierre.

53. Tête de Diane, légèrement inclinée vers la gauche; cheveux entourés d'un bandeau, ondulés et massés en chignon sur la nuque, de grosses mèches tombant sur les épaules; deux torsades sont disposées en crobyle sur le sommet de la tête. Le nez et le menton sont figurés à la cire.

> Marbre blanc. Haut. : 0ᵐ230. Socle colonnette marbre.

54. Magnifique tête de femme diadémée; les cheveux qui encadrent le front sont bouclés et disposés dans le goût archaïque; chignon noué au-dessus de la nuque et retombant en grosse touffe; bouclettes calamistrées sur le cou. La couleur de la chevelure, qui devait être blonde, est parfaitement indiquée. La coiffure est retenue par un large bandeau orné, en forme de serre tête. Des trous forés dans les bouclettes du chignon semblent indiquer que la coiffure était complétée par des ornements métalliques.

Ces détails font de cette sculpture un des plus rares et des plus beaux spécimens de l'époque hellénistique.

> Fragment de statue, intact. Haut. : 0ᵐ190. Long. : 0ᵐ225. Socle colonne. *Voir la phototypie.*

55. Petit torse probable d'Apollon; la draperie agrafée sur l'épaule droite couvre le haut de la poitrine et le bras gauche, le poids du corps porte sur la jambe droite.

> Marbre blanc. Haut. : 0ᵐ260.

56. Torse d'Apollon (?); le haut du corps s'incline légèrement à droite et en avant, la hanche droite est évasée. Une chlamyde nouée sur l'épaule droite s'étend largement sur la gauche. Ce superbe morceau, malheureusement endommagé, doit appartenir à l'époque alexandrine.

> Marbre blanc de Paros à grain fin. Haut. : 0ᵐ620. Sur un fût de colonne byzantine. *Voir la phototypie.*

57. **Torse de jeune athlète debout;** le poids du corps porte sur la jambe droite fragmentée à mi-cuisse, comme la gauche; petite draperie sur l'épaule gauche.

> Marbre blanc; travail gréco-romain; très bonne conservation. Haut. : 0ᵐ460.
> Sur un fût de colonne byzantine. *Voir la phototypie.*

58. **Joli torse de jeune garçon;** le corps entièrement nu est légèrement incliné vers la droite.

> Marbre blanc. Haut. : 0ᵐ400. Sur un fragment de chapiteau sculpté. *Voir la phototypie.*

59. **Statue d'Esculape,** de proportions un peu au-dessous de la demi-nature. Une ample chlamyde règne des chevilles au bassin et, laissant le torse à découvert, est rejetée sur l'épaule et le bras gauches; jambe gauche légèrement infléchie; le mouvement du corps indique que le dieu s'appuyait à gauche sur une colonne (disparue). Les pieds, les bras et la tète manquent.

> Marbre blanc. Haut. : 0ᵐ690. *Voir la phototypie.*

60. **Bas-relief dit du repas funéraire.** Le héros est couché à gauche, de face; la draperie qui lui couvre le bas du corps dégage le torse redressé. Devant lui se trouve la table chargée de mets; à sa droite, au centre, un enfant debout, de face, vêtu d'une courte tunique serrée à la taille, étend le bras droit au-dessus d'un trépied placé au pied du lit. Dans le fond se voient, au centre, le bouclier, et, de profil à gauche, le buste du cheval du héros.

> Ce bas-relief, de sculpture grecque de la période histo- rique des successeurs d'Alexandre, offre une variété du sujet du repas funèbre. La partie droite, avec la tête du héros manque.

> Long. : 0ᵐ435. Haut. : 0ᵐ330. *Voir la phototypie.*
> Cette pièce et la précédente proviennent des ruines de Locres, ont figuré au Musée de Catanzaro, et ont été publiées par Fran- çois Lenormant en 1883, dans la *Gazette Archéologique.*

61. **Statue de dame romaine,** de proportions un peu au-dessus de la demi-nature. Elle est vêtue d'une tunique longue (*stola*) serrée sous la poitrine, et drapée dans un ample vêtement de dessus (*palla*) dont les plis prennent le bassin en ceinture et remontent sur l'épaule et le bras gauches; la jambe droite supporte le poids du corps, la gauche est légèrement infléchie. La tête et les bras manquent.

> Marbre blanc. Haut. : 1ᵐ.

62. **Petite tête de Helios** (?); chevelure bouclée; sept trous dis- posés autour de la tête devaient recevoir des rayons en métal. Les reliefs du visage ont disparu.

> Marbre blanc. Haut. : 0ᵐ115.

63. Double tête de Bacchus et Ariadne; visages endommagés.

> Marbre blanc, croûte terreuse. Haut. : 0ᵐ110

64. Trois fragments de bas-reliefs, têtes de jeunes gens.

> Marbre blanc.

65. Petite tête de jeune femme, la chevelure retenue par un bandeau sur le front ; revers plat. Le nez et le menton figurés à la cire.

> Marbre blanc. Haut. : 0ᵐ120.

66. **Bas-relief représentant Apollon debout**, nu, de profil à gauche, tenant son arc horizontalement ; coiffure féminine avec chignon et deux boucles retombant sur la poitrine. La pièce est brisée à la moitié de la cuisse. Magnifique spécimen du style archaïsant.

> Marbre blanc de Paros. Dimensions : 350 × 220 m/m. *Voir la phototypie.*

67. Carreau orné d'une tête en demi-relief d'un guerrier grec coiffé d'un casque rond à paragnathides articulées.

> Marbre blanc. Dim. : 200 × 230 m/m. h. de la tête : 135 m/m.

68. Fragment de frise, ou de plafond, à panneaux carrés décorés au centre d'un masque de lion. Epoque grecque.

> Marbre blanc. Long. : 0ᵐ520.

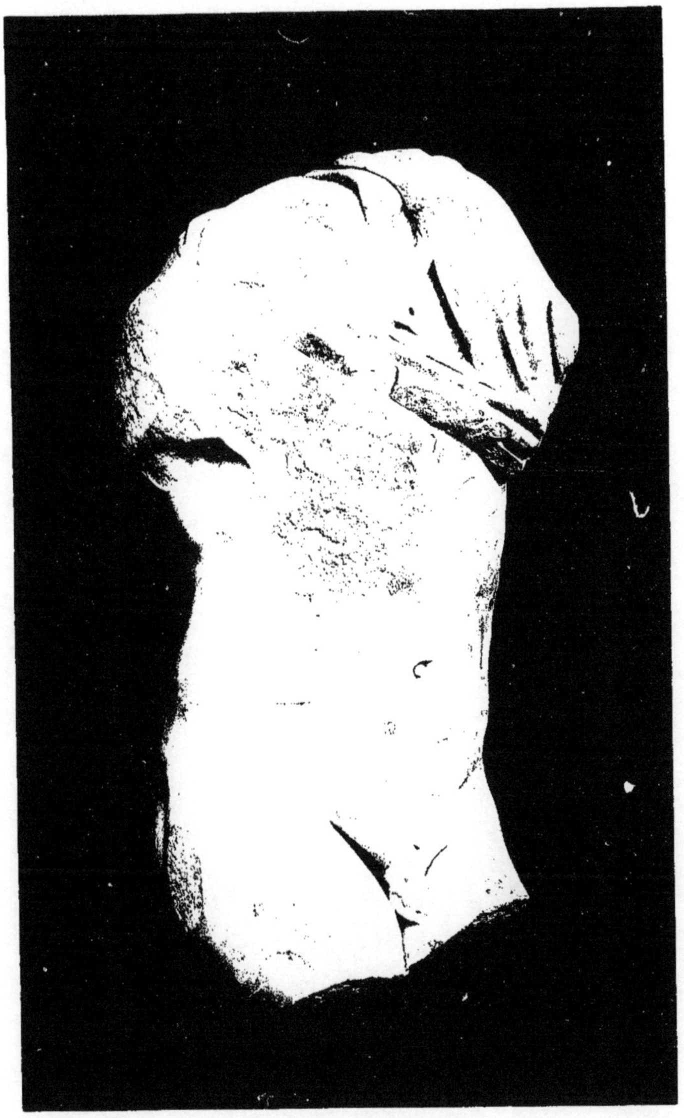

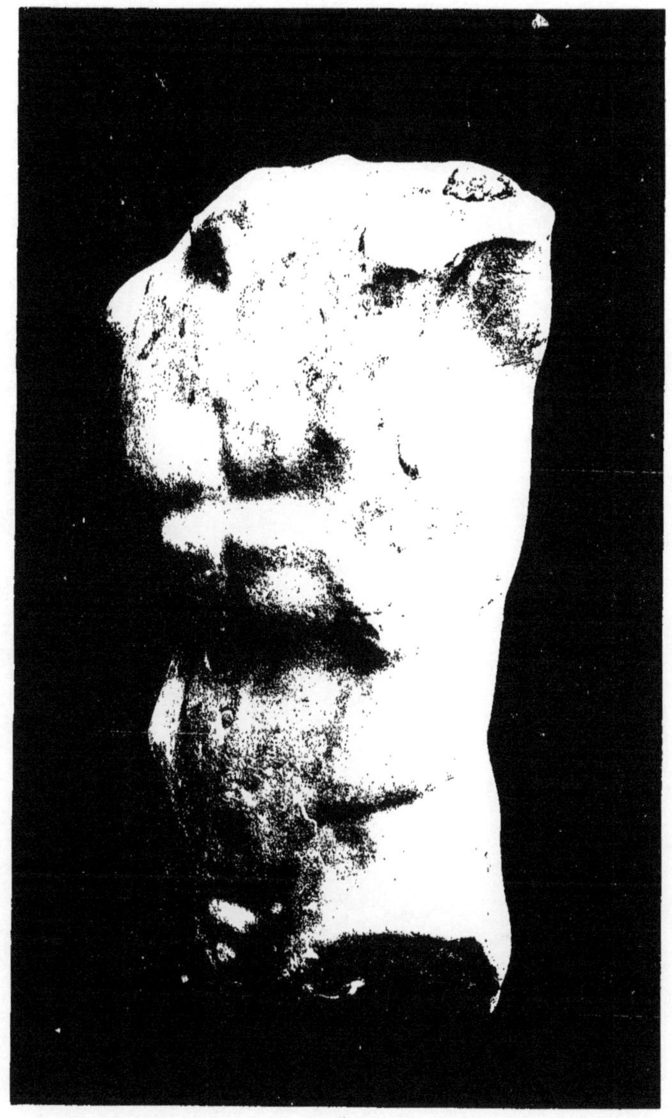

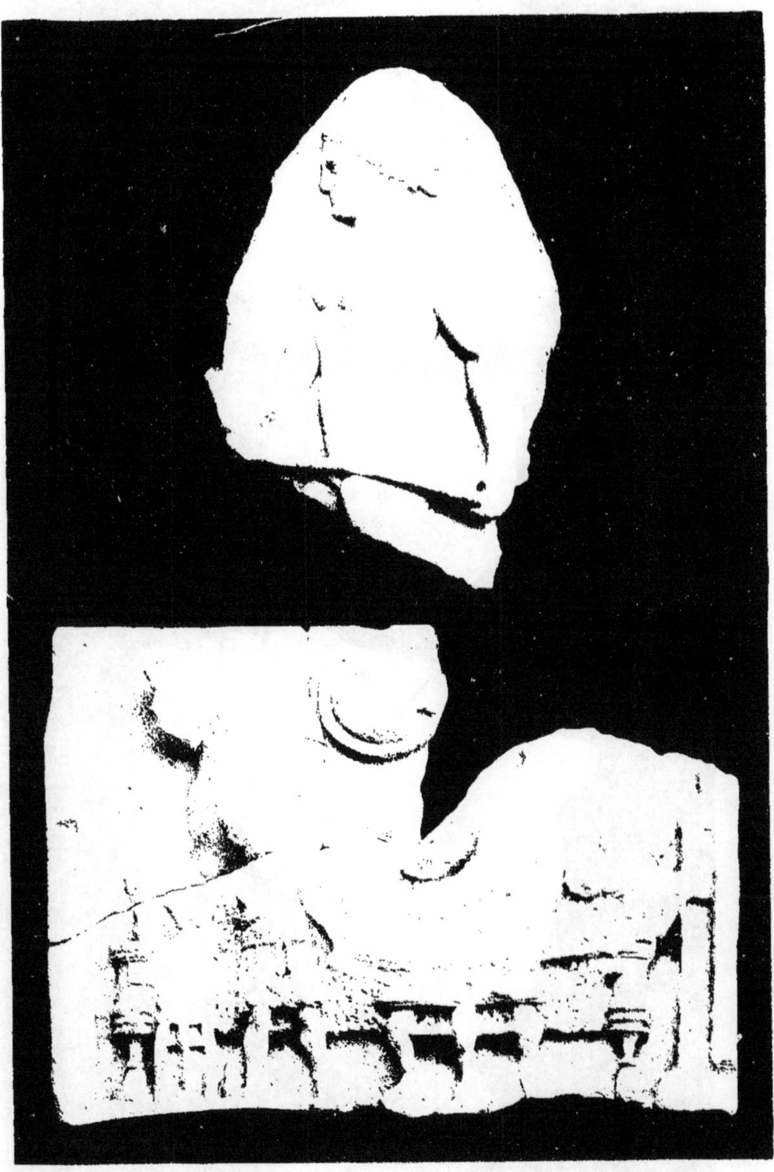

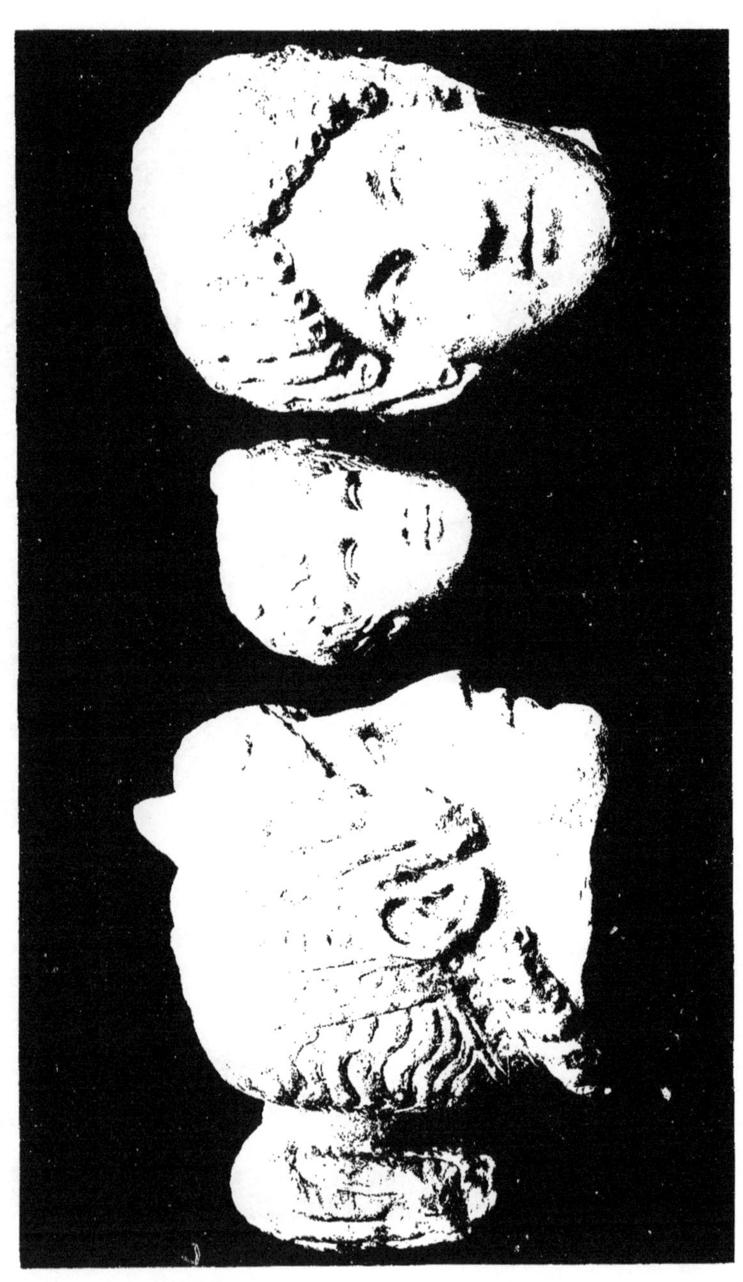

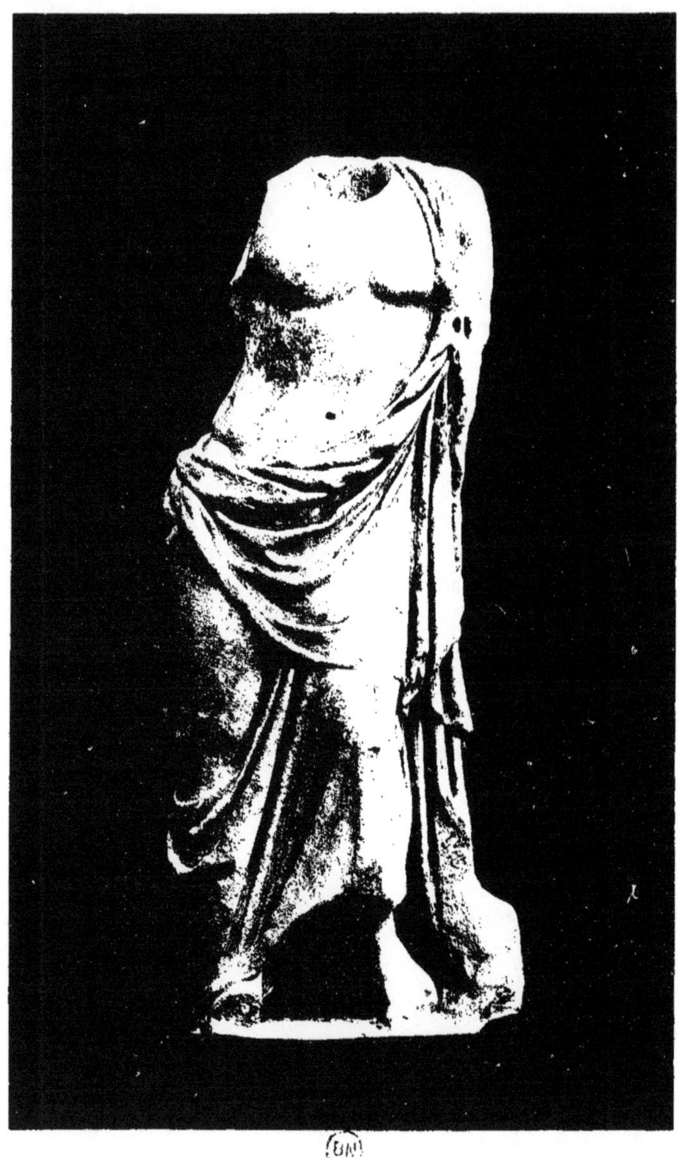

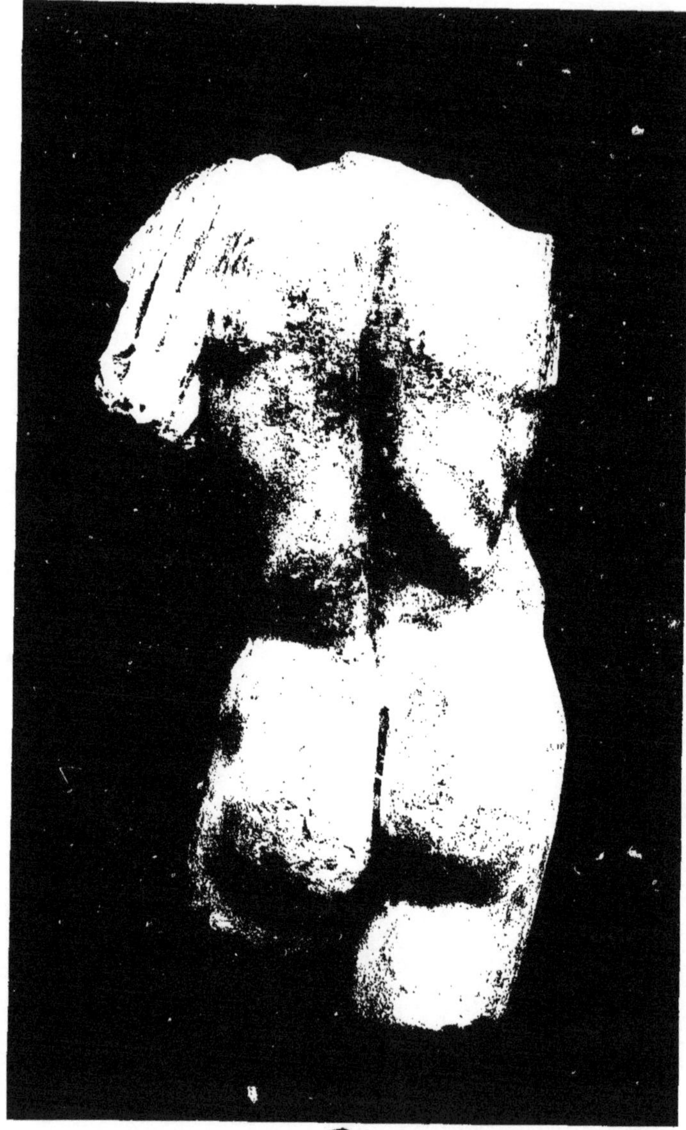